¡Imagínalo!  Aprendizaje visual de destrezas

Realismo y fantasía

Elementos literarios

I•1

Realismo y fantasía

Realismo

Fantasía

Elementos literarios

Personajes

HERMANA

HERMANO

PAPÁ

MAMÁ

Ambiente

I•4

Argumento

Principio

Medio

Final

¡Imagínalo! | Aprendizaje visual de estrategias

Conocimientos previos

Ideas importantes

Inferir

Verificar y aclarar

Hacer predicciones y
establecer propósitos

Preguntar

Estructura del cuento

Resumir

Estructura del texto

Visualizar

Conocimientos previos

¡Pensemos en la lectura!

- ¿Qué es lo que ya sé?
- ¿Qué me recuerda esto?

Ideas importantes

¡Pensemos en la lectura!

- ¿Qué es importante saber?

Inferir

¡Pensemos en la lectura!

- ¿Qué es lo que ya sé?
- ¿Cómo me ayuda esto a entender lo que sucedió?

Verificar y aclarar

¡Pensemos en la lectura!

- ¿Qué parte no entiendo?
- ¿Qué puedo hacer?

Hacer predicciones y establecer propósitos

¡Pensemos en la lectura!

- ¿Qué es lo que ya sé?
- ¿Qué creo que va a suceder?
- ¿Cuál es el propósito de mi lectura?

Preguntar

Estructura del cuento

Principio

Medio

Final

¡Pensemos en la lectura!

- ¿Qué sucede al principio?
- ¿Qué sucede en el medio?
- ¿Qué sucede al final?

Resumir

El perro tumbó la mesa.

¡Pensemos en la lectura!

- ¿Qué sucede en el cuento?
- ¿De qué trata el cuento?

Estructura del texto

¡Pensemos en la lectura!

- ¿Cómo está organizado el cuento?
- ¿Hay partes que se repiten?

¡Pensemos en la lectura!

- ¿Qué imágenes veo en mi mente?

Autores del programa

Peter Afflerbach

Camille Blachowicz

Candy Dawson Boyd

Elena Izquierdo

Connie Juel

Edward Kame'enui

Donald Leu

Jeanne R. Paratore

P. David Pearson

Sam Sebesta

Deborah Simmons

Alfred Tatum

Sharon Vaughn

Susan Watts Taffe

Karen Kring Wixson

Autores del programa en español

Kathy C. Escamilla

Antonio Fierro

Mary Esther Huerta

Elena Izquierdo

Glenview, Illinois • Boston, Massachusetts • Chandler, Arizona
Upper Saddle River, New Jersey

Dedicamos Calle de la Lectura a

Peter Jovanovich.

Su sabiduría, valentía
y pasión por la educación
son una inspiración para todos.

Acerca del ilustrador de la cubierta

Daniel Moretón vive en Nueva York, donde crea ilustraciones para libros con su computadora. Cuando no está trabajando, le gusta cocinar, ver películas y viajar. Durante un viaje a México, el Sr. Moretón se inspiró en los colores que vio a su alrededor. Ahora emplea esos colores en su arte.

Acknowledgments appear on page 178, which constitute an extension of this copyright page.

ISBN-13: 978-0-328-48424-9
ISBN-10: 0-328-48424-5
7 8 9 10 V011 15 14 13 12
CC2

Querido lector:

Comienza un nuevo año escolar. ¿Estás listo? Estás a punto de comenzar un viaje por una calle famosa: la *Calle de la Lectura de Scott Foresman.* ¡En este viaje conocerás a niños y niñas como tú!

A medida que leas los cuentos y artículos, aprenderás información nueva que te ayudará en ciencias y en estudios sociales.

Mientras disfrutas de estas emocionantes obras literarias, notarás algo más: al aprender nuevas destrezas y al pulir las que ya sabes, te conviertes en un mejor lector.

¡Disfruta el viaje y envíanos una postal!

Cordialmente,
los autores

Mi mundo

¿Qué hay a mi alrededor?

Semana 2

Semana 3

Semana 6

¡Imagínalo! Manual de comprensión de lectura

¡Imagínalo! Aprendizaje visual de destrezas I•1–I•6

¡Imagínalo! Aprendizaje visual de estrategias I•7–I•18

Don Leu
El experto en Internet

La naturaleza de la lectura y la escritura está cambiando. La Internet y otras tecnologías crean nuevas posibilidades, nuevas soluciones y nuevas maneras de leer y escribir. Por eso necesitamos nuevas destrezas de comprensión de lectura para trabajar en línea. Estas destrezas son cada vez más importantes para nuestros estudiantes y para nuestra sociedad.

El equipo de Calle de la Lectura te va a ayudar en este nuevo camino tan interesante.

¡Míralo!

- Video de la Pregunta principal
- Video de Hablar del concepto
- Animaciones de ¡Imagínalo!
- Libritos electrónicos
- Tarjetas interactivas de sonidos y grafías

¡Escúchalo!

- Animaciones de *Cantemos juntos*
- Selecciones electrónicas
- GramatiRitmos
- Actividades de vocabulario

Video de Hablar del concepto

File   Edit   View   Favorites   Tools   Help

http://www.CalledelaLectura.com

¡Hazlo!

- Diario de palabras

- Ordenacuentos

- Fichas electrónicas de letras

- Evaluación en línea

- Actividades de vocabulario

o ñ a m s

Mi mundo

¿Qué hay a mi alrededor?

Objetivos
• Escuchar atentamente a los hablantes y hacer preguntas para comprender mejor el tema. • Comentar información e ideas sobre un tema. Hablar a un ritmo normal.

Hablemos sobre

Casas y familias

Leamos juntos

● Comenta la información sobre la vida en casa.

● Comenta tus ideas sobre lo que hay a nuestro alrededor en casa.

CALLE DE LA LECTURA EN LÍNEA
VIDEO DE HABLAR DEL CONCEPTO
www.CalledelaLectura.com

¡Aprenderás **278** palabras asombrosas este año!

Conciencia fonológica

Escuchemos

Leamos juntos

Sílabas

- Escucha esta oración: *Memo corre.* ¿Cuántas palabras escuchas? Di las palabras.

- Escucha la palabra *amigo.* ¿Cuántas sílabas escuchas? ¿Qué escuchas al comienzo de *amigo*? Busca dos cosas que empiecen con /a/, como *amigo*.

- Busca cosas que empiecen con los siguientes sonidos: /e/, como *eco*; /i/, como *idea*; /o/, como *ojo*; /u/, como *uno*.

- Busca la maleta. Di: "maleta". ¿Cuál es la primera sílaba de *maleta*? Busca otras cosas que empiecen con la misma sílaba. Busca otras cosas que empiecen con /m/.

- ¿Qué par de palabras riman: *ejote/amigo; miel/piel*?

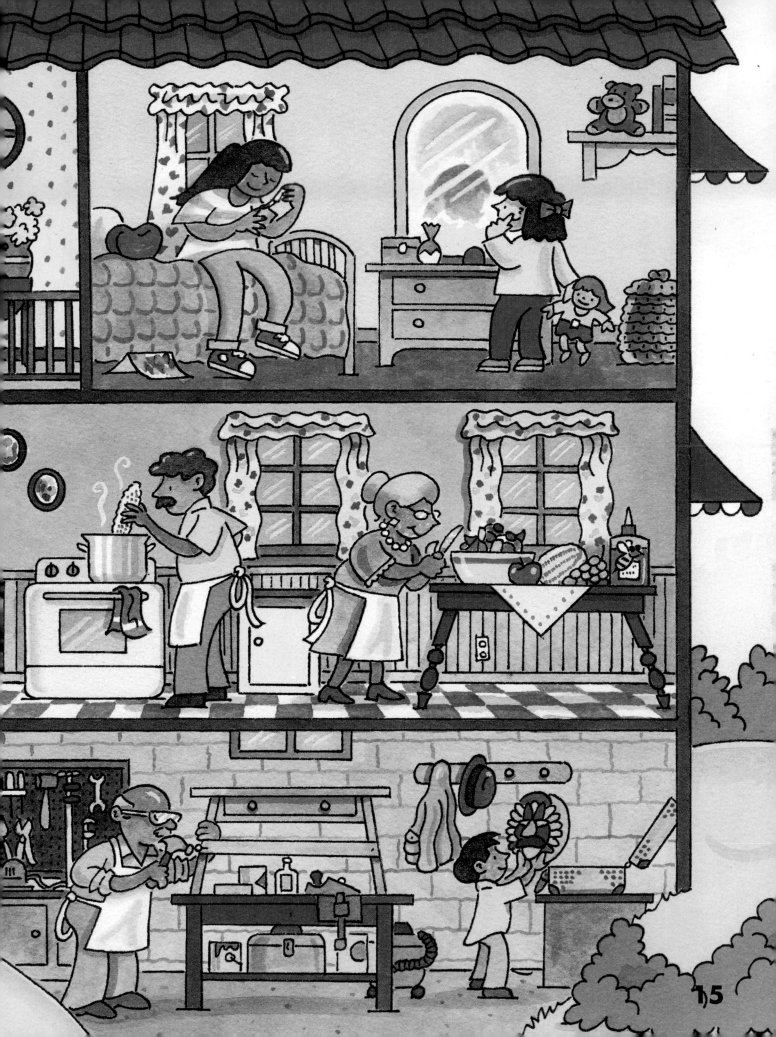

Objetivos

• Decodificar las cinco vocales. • Decodificar sílabas. • Decodificar palabras por separado, incluyendo sílabas abiertas. • Comprender el vocabulario nuevo y utilizarlo correctamente al leer y al escribir. • Emparejar sonidos con letras individuales, incluyendo consonantes suaves.

¡Imagínalo! | Sonidos y sílabas

araña

a-

elefante

e-

oficina

o-

mapa

m-   ma-

Fonética

Vocales *a, e, o; m*

a m o

E m a

o

m a m á

Palabras que puedo leer

yo

veo

gusta

el

mira

Oraciones que puedo leer

1. Yo veo a mamá.

2. ¡Mira, mamá me ama!

3. A Memo le gusta el mar.

Objetivos

• Decodificar las cinco vocales.
• Decodificar sílabas. • Decodificar palabras por separado, incluyendo sílabas abiertas. • Comprender el vocabulario nuevo y utilizarlo correctamente al leer y al escribir. • Emparejar sonidos con letras individuales, incluyendo consonantes suaves.

¡Imagínalo! Sonidos y sílabas

iguana

i-

uniforme

u-

mapa

m-   ma-

CALLE DE LA LECTURA EN LÍNEA
TARJETAS DE SONIDOS Y GRAFÍAS
www.CalledelaLectura.com

Fonética

Vocales *i, u; m*

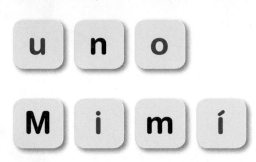

i m á n

u n o

M i m í

¡Ya puedo leer!

Yo veo a Memo y a Mimí.

¡Mira, es mami con el Mumu!
También veo a mi tío Momo.

¡Me gusta mi familia!

Has aprendido

- Sílabas con *a, e, o; m*
- Sílabas con *i, u; m*

Palabras de uso frecuente

yo   veo   mira
el   gusta

Ema

por Silvia Dorta-Duque
de Reyes

ilustrado por
Luciana Navarro Powell

¿Qué hay en nuestra casa?

Género

La **ficción realista** tiene personajes que actúan como gente de la vida real. Ahora vas a leer sobre las cosas que Ema ve en su casa.

Leamos juntos

¡Mira! ¡Mira!

22

Mira mi elefante.

Me gusta mi abeja.

Me gusta mi imán.

Yo mimo a mi oso.

Yo mimo a Meme.

Veo el uno.

¡Veo a Ema!

¡Imagínalo! | **Volver a contar**

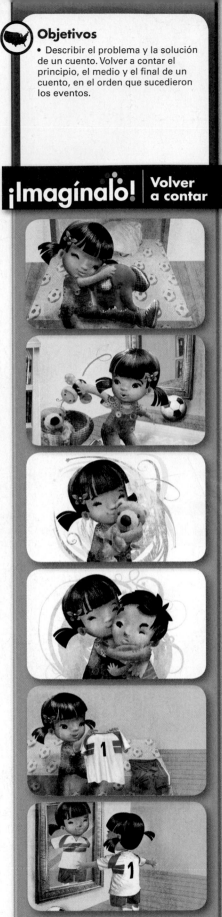

CALLE DE LA LECTURA EN LÍNEA
ORDENACUENTOS
www.CalledelaLectura.com

Piensa críticamente

1. El cuarto de Ema está lleno de cosas. ¿Qué cosas tienes tú en tu cuarto? El texto y tú

2. ¿Qué preguntas te gustaría hacer para saber más acerca de Ema? ¿Cómo es Ema? ¿Qué cosas le gustan?

Elementos literarios: Personaje

3. Mira de nuevo y escribe Vuelve a mirar las páginas 20 y 21. ¿Qué hay en el cuarto de Ema? Escribe sobre eso. Usa detalles del texto.

PRÁCTICA PARA EL EXAMEN Respuesta desarrollada

Por la ventana

Despierta el sol.
Asoma el ojo
por la ventana
y entra a mi casa.
Los buenos días me da
y pasa.

Yolanda Blanco

Leamos juntos

¡Escribamos!

Aspectos principales de los sustantivos en las oraciones

- Nombran personas, animales y cosas.
- Ayudan a decir la idea de la oración.

CALLE DE LA LECTURA EN LÍNEA
GramatiRitmos
www.CalledelaLectura.com

Escritura narrativa

Los sustantivos en las oraciones

Una **oración** es un grupo de palabras que cuenta una idea completa. Las palabras que nombran personas, animales o cosas son **sustantivos**. Casi todas las oraciones tienen un sustantivo.

Instrucciones Piensa en un animal que te guste. Escribe una oración acerca de ese animal. Nombra al animal en tu oración.

Lista del escritor

Recuerda que debes...

☑ escribir sobre un animal.

☑ nombrar al animal en tu oración.

☑ empezar la oración con mayúscula y terminarla con punto.

El **oso** es bonito.

Me gusta el **oso**.

Las **oraciones** empiezan con letra mayúscula.

Cada **oración** cuenta una idea completa.

El **sustantivo oso** nombra a un animal.

Normas

Sustantivos: Personas, animales y cosas

gorra →

Recuerda Algunas palabras niño → nombran personas, animales o cosas. Estas palabras se llaman **sustantivos**. **Niño**, **vaso** y **gato** son sustantivos. ¿Qué otros sustantivos que nombran personas, animales o cosas puedes decir?

33

Estudios Sociales en Lectura

Género
Cuento folclórico

Leamos juntos

- Un cuento folclórico es una historia que se ha contado por muchos años. Al principio la gente sólo contaba los cuentos folclóricos. Luego empezó a escribirlos.

- Los cuentos folclóricos muchas veces empiezan con las palabras "Hace muchísimo tiempo". Estas palabras quieren decir que el cuento es antiguo.

- Los cuentos folclóricos son casi siempre historias muy conocidas. A veces lo que pasa en un cuento folclórico se parece a algo que le ha pasado al lector.

- Lee *Rip Van Winkle.* Piensa por qué es un cuento folclórico.

Rip Van Winkle

Hace muchísimo tiempo, Rip Van Winkle subió a una colina. Allí se quedó dormido.

¡Rip durmió por muchos años!
Después contaba lo que le
pasó una y otra vez. A la
gente le encantaba escuchar
su cuento.

Pensemos...

Este cuento
empieza con las
palabras "Hace
muchísimo tiempo".
¿Qué te dice esto?
Cuento folclórico

Pensemos...

¿Se parece lo que
le pasó a Rip a algo
que te haya pasado
a ti? Piensa en algún
momento que al
quedarte dormido,
hayas llegado tarde
a alguna actividad
o evento.
Cuento folclórico

Pensemos...

**Relacionar
lecturas** Cuenta
lo que hace Ema en
Ema. Cuenta lo que
hace Rip en *Rip Van
Winkle*. ¿Qué cosas
podrían pasar de
verdad?

**Escribir
variedad de
textos** Imagínate
que Rip le cuente
su historia a Ema.
¿Qué pensaría Ema
de esa historia?
Escribe lo que
pensaría Ema.

Objetivos
- Comprender y usar palabras nuevas que nombren personas, lugares o cosas, llamadas *sustantivos*. • Identificar y poner palabras en grupos según su significado. • Comprender y usar los sustantivos al leer, escribir y hablar. • Seguir normas de conversación como escuchar a los demás, hablar cuando el maestro lo indique y hacer comentarios sobre el tema.

Leamos juntos

¡Aprendamos!

CALLE DE LA LECTURA EN LÍNEA
ACTIVIDADES DE VOCABULARIO
www.CalledelaLectura.com

Turnémonos para hablar. Así escuchamos lo que dice cada uno.

Escuchar y hablar

Prepárate para el segundo grado

Sigue las reglas indicadas para hablar en grupo.

Participar en una conversación Cuando trabajamos en grupo, debemos seguir las reglas de una conversación. Escuchamos y respondemos cuando alguien nos llama. No nos salimos del tema.

¡Practícalo! Piensa en *Ema*, el cuento que leíste esta semana. Espera tu turno para hablar de algo que te gustó del cuento. Usa nombres al hablar.

Vocabulario

Un **sustantivo** es una palabra para una persona, un animal o una cosa. Los sustantivos se pueden clasificar en grupos.

mono

oso

caballo

Todos estos son *sustantivos* para animales.

¡Practícalo! Lee estas palabras. Clasifica los sustantivos para saber cuáles son para personas.

niño   casa   niña   hombre   árbol

Caligrafía

Posición correcta del cuerpo Al escribir, asegúrate de sentarte derecho. Escribe claramente, de izquierda a derecha, de arriba para abajo. Mira los modelos en las páginas 176–177. Luego escribe una línea completa de estas letras:

Mm   Ss   Tt   Aa

Objetivos

• Escuchar atentamente a los hablantes y hacer preguntas para comprender mejor el tema. • Comentar información e ideas sobre un tema. Hablar a un ritmo normal.

Vocabulario oral

Hablemos sobre

Casas y familias

Leamos juntos

● Comenta la información sobre las familias.

● Comenta tus ideas sobre las personas de nuestra familia.

CALLE DE LA LECTURA EN LÍNEA
VIDEO DE HABLAR DEL CONCEPTO
www.CalledelaLectura.com

38

39

Conciencia fonológica

Escuchemos

Sílabas

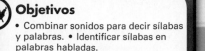
Leamos juntos

- Escucha esta oración: *Pepe está aquí.* ¿Cuántas palabras escuchas? Di las palabras.

- Busca el papalote. ¿Qué sílaba escuchas al comienzo de *papalote*? ¿Cuál es el primer sonido de esa sílaba? Busca otras cosas que empiecen con el mismo sonido.

- Busca cosas que empiecen con los siguientes sonidos: /l/, como *loma*; /s/, como *saco*; /n/, como *nube*; /d/, como *dedo*; /t/, como *tamal*.

CALLE DE LA LECTURA EN LÍNEA
TARJETAS DE SONIDOS Y GRAFÍAS
www.CalledelaLectura.com

40

Objetivos

• Decodificar sílabas. • Decodificar palabras por separado, incluyendo sílabas abiertas. • Decodificar palabras por separado, incluyendo sílabas cerradas. • Comprender el vocabulario nuevo y utilizarlo correctamente al leer y al escribir.

¡Imagínalo! | Sonidos y sílabas

papá

p-   pa-

león

l-   le-

sapo

s-   sa-

CALLE DE LA LECTURA EN LÍNEA
TARJETAS DE SONIDOS Y GRAFÍAS
www.CalledelaLectura.com

Fonética

🔄 Sílabas con *p, l, s*

Sonidos y sílabas que puedo combinar

s a l

s o p a

l o m a

p á s a m e

p o m o

Palabras que puedo leer

tengo

más

para

familia

un

Oraciones que puedo leer

1. ¡Lalo, pásame más sal para mi sopa!

2. Mi familia mira la loma.

3. Tengo un papá muy bueno.

Las palabras habladas se representan por escrito con secuencias específicas de letras. Señala cada palabra en las oraciones de arriba.

¡Imagínalo! Sonidos y sílabas

nido

n-   ni-

desierto

d-   de-

tomate

t-   to-

CALLE DE LA LECTURA EN LÍNEA
TARJETAS DE SONIDOS Y GRAFÍAS
www.CalledelaLectura.com

Fonética

Sílabas con *n, d, t*

Sonidos y sílabas que puedo combinar

d e l

n o s

t o m a

t i l o

t o d o s

¡Ya puedo leer!

Tengo la familia más linda del mundo.

Mamá, papá y yo nos sentamos en la sala.

Mami se toma un té de tilo y yo pinto.

Papá pide tamales para todos.

Has aprendido

- Sílabas con *p, l, s*
- Sílabas con *n, d, t*

Palabras de uso frecuente

tengo familia más

un para

En la sala

por María Eugenia Pradera

ilustrado por
Luciana Navarro Powell

Pregunta de la semana

¿Quiénes forman nuestra familia?

**Género**

La **ficción realista** tiene personajes que actúan como personas de la vida real. Ahora vas a leer sobre lo que hace la familia de Ema en la sala de la casa.

Leamos juntos

Mamá lee.

Papá saluda a mamá.

A Ema le gusta la pelota.

Meme pone los monos a un lado.

El puma le gusta más.

Toda la familia pasa a la sala.

Totito pisa la lana.

¡Tengo una idea!

¡Tengo esto para mi familia!

¡Imagínalo! | Volver a contar

Piensa críticamente

1. ¿Quiénes forman la familia de Ema? ¿Quiénes forman tu familia? **El texto y tú**

2. ¿Dónde tiene lugar el cuento?

🔄 **Elementos literarios: Ambiente**

3. Mira de nuevo y escribe
Vuelve a mirar la página 55. ¿Qué cosas hace la familia de Ema en la sala? Actúa, en un orden lógico, lo que hace la familia en la sala. Luego, escribe sobre eso. Usa detalles del texto.

PRÁCTICA PARA EL EXAMEN | Respuesta desarrollada

Mi familia

Papá y mamá son
un árbol enorme.
Mi hermano y yo
somos brotecitos
y a su sombra
crecemos
acurrucaditos.

Yolanda Blanco

Leamos juntos

¡Escribamos!

Aspectos principales de los sustantivos en las oraciones

- Nombran lugares.
- Ayudan a decir la idea de la oración.

Los sustantivos en las oraciones

Una **oración** es un grupo de palabras que cuenta una idea completa. El sustantivo en la oración puede nombrar un lugar, como por ejemplo: *tienda, parque* o *casa.*

Instrucciones Piensa en un lugar que te guste. Escribe una oración acerca de ese lugar. Menciona el nombre del lugar en tu oración.

Lista del escritor

Recuerda que debes...

☑ escribir de un lugar que te guste.

☑ escribir el nombre del lugar en tu oración.

☑ terminar tu oración con un punto.

Me gusta mi **casa**.

La **oración** cuenta una idea completa.

El **sustantivo** **casa** nombra un lugar.

La oración comienza con una **M** mayúscula y termina con **punto**.

Normas

- ## Sustantivos: Lugares

Recuerda Algunos
- sustantivos son para lugares. **Sala, tienda** y **parque** son sustantivos de lugares. ¿Qué
- otros sustantivos de lugares sabes?

granja

escuela

Estudios Sociales en Lectura

La familia

Leamos juntos

Género
Ensayo fotográfico

- La palabra foto es una manera corta de decir fotografía.

- Un ensayo fotográfico tiene fotografías y palabras. Las fotografías ayudan a explicar las palabras.

- Las fotografías y palabras de un ensayo fotográfico son sobre el mismo tema.

- Lee *La familia*. Al leer, busca elementos de un ensayo fotográfico. Haz preguntas sobre el texto.

Una familia es un grupo de personas que se aman.

Una familia juega junta.
Come junta.

Pensemos...

¿Qué muestran estas fotografías sobre el tema de la familia? ¿Qué preguntas tienes?
Ensayo fotográfico

Una familia lee junta.
¿Qué le gusta hacer
a tu familia?

Pensemos...

Relacionar lecturas ¿Qué preguntas harías para saber en qué se parecen las familias de *En la sala* y *La familia*?

Escribir variedad de textos Los miembros de las familias de las dos selecciones hacen cosas juntos. ¿Por qué es importante eso? Escribe tus ideas.

Leamos juntos

¡Aprendamos!

CALLE DE LA LECTURA EN LÍNEA
ACTIVIDADES DE VOCABULARIO
www.CalledelaLectura.com

A Carla y a mí nos tomaron una foto. Marco tomó la foto.

Escuchar y hablar

Prepárate para el segundo grado

Comparte tus ideas contando algo que te pasó.

Comentar ideas Cuando les contamos a otros cosas que nos han pasado, nos aseguramos de hablar claramente. Contamos lo que nos pasó y cómo nos pasó.

¡Practícalo! Piensa en algo que te haya pasado. Usa un nombre para cada persona, lugar o cosa que menciones.

62

Vocabulario

Una palabra descriptiva, o **adjetivo**, nos dice cómo es una persona, un animal, un lugar o una cosa.

alto

verde

Verde y *alto* son palabras que dicen cómo es el árbol.

¡Practícalo! Piensa en las manzanas. Escoge las palabras que pueden decir cómo son.

alta   salada   dulce   roja

Caligrafía

Tamaño correcto de las letras

Al escribir, debe ser fácil distinguir letras altas, bajas y las que van debajo de la línea. Escribe de izquierda a derecha, de arriba para abajo. Mira las muestras en las páginas 176–177. Luego escribe estas letras:

Ss   Pp   Nn   Dd

Objetivos

• Escuchar atentamente a los hablantes y hacer preguntas para comprender mejor el tema. • Comentar información e ideas sobre un tema. Hablar a un ritmo normal.

Vocabulario oral

Hablemos sobre

Casas y familias

Leamos juntos

● Comenta la información sobre la vida en la casa y fuera de casa.

● Comenta tus ideas sobre lo que hay fuera de casa.

CALLE DE LA LECTURA EN LÍNEA
VIDEO DE HABLAR DEL CONCEPTO
www.CalledelaLectura.com

64

Conciencia fonológica

Escuchemos

Sílabas

Leamos juntos

● Escucha esta oración: *El gato salta.* ¿Cuántas palabras escuchas? Di las palabras.

● Combina /k/ y /a/. Di la sílaba. Combina /ka/ y /sa/. Di la palabra. ¿Ves una en la ilustración?

● Busca otras cosas que empiecen con las sílabas /ka/, como *casa;* /ko/, como *cono;* /ku/, como *cuna.*

● Busca cosas que empiecen con /g/, como *gallo;* /f/, como *fina;* /b/, como *burro;* /rr/, como *risa.*

● Di: "jugar". ¿Qué sonido escuchas al final? ¿Ves algo que termine con /r/, como *jugar*?

● ¿Qué par de palabras riman: *rocas/rana; rebota/pelota*?

Objetivos

- Emparejar sonidos con sílabas, incluyendo consonantes fuertes.
- Decodificar palabras que incluyan sílabas abiertas.
- Decodificar palabras por separado, incluyendo sílabas abiertas.
- Comprender el vocabulario nuevo y utilizarlo correctamente al leer y al escribir.

¡Imagínalo! | Sonidos y sílabas

coco

c-   co-

gorila

g-   go-

CALLE DE LA LECTURA EN LÍNEA
TARJETAS DE SONIDOS Y GRAFÍAS
www.CalledelaLectura.com

Fonética

Sílabas *ca, co, cu; ga, go, gu*

Sonidos y sílabas que puedo combinar

c o m e

c a m i n a

c u b e t a

g o m a

g a n a

Palabras que puedo leer

| después |
| otra |
| es |
| con |
| en |

Oraciones que puedo leer

1. Come, después caminas.

2. La otra cubeta de goma es mía.

3. ¡Con dos goles gana en un momento!

Las palabras habladas se representan por escrito con secuencias específicas de letras. Señala cada palabra en las oraciones de arriba.

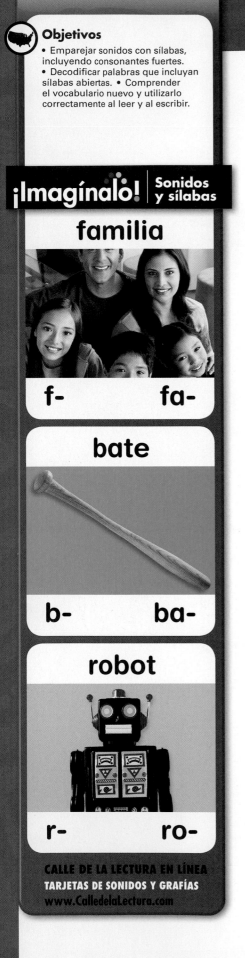

¡Imagínalo! Sonidos y sílabas

familia

f-   fa-

bate

b-   ba-

robot

r-   ro-

CALLE DE LA LECTURA EN LÍNEA
TARJETAS DE SONIDOS Y GRAFÍAS
www.CalledelaLectura.com

Fonética

🎯 Sílabas con *f, b, r*

Sonidos y sílabas que puedo combinar

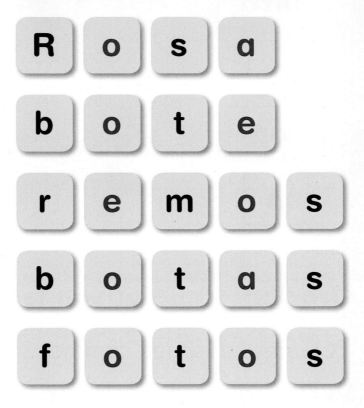

R o s a

b o t e

r e m o s

b o t a s

f o t o s

Gabo es amigo de Rosa. En su casa, Gabo pinta un bote con remos. Rosa pinta una gata con botas.

Después, otra amiga se les une. A ella le gusta tomar fotos de rocas. Es muy famosa.

¡Pero a todos les gusta pintar!

Has aprendido

🔄 Sílabas *ca, co, cu; ga, go, gu*
🔄 Sílabas con *f, b, r*

Palabras de uso frecuente

es en con
después otra

El regalo

por Luz Márquez

ilustrado por
Luciana Navarro Powell

 **Género**

La **ficción realista** tiene personajes que actúan como gente de la vida real. Ahora vas a leer sobre un regalo especial.

 Leamos juntos

Pregunta de la semana

¿Qué hay fuera de nuestra casa?

¡Mira el regalo de papá!

¡Es una casita!
¡Es un comedero!

Papá sale con el regalo.
Meme sale. Ema sale.

Meme le pone un poco de comida.

Ema sube la casita.

Papá se mete en la casa.

Totito saca una pata.
Después, saca la otra.
¡Sale rápido!

¡El regalo es fabuloso!

Objetivos

• Describir el problema y la solución de un cuento. Volver a contar el principio, el medio y el final de un cuento, en el orden que sucedieron los eventos. • Comprender el vocabulario nuevo y utilizarlo correctamente al leer y al escribir.

Piensa críticamente

1. ¿Qué hacen Meme, Ema y su papá en el patio? ¿Qué otras cosas se hacen en los patios? **El texto y el mundo**

2. ¿Cuál es la trama del cuento? ¿Cómo se soluciona, es decir, qué pasa al final del cuento? **Elementos literarios: Trama**

3. Mira de nuevo y escribe

Vuelve a mirar la página 81. ¿Dónde pusieron Ema y Meme el regalo de papá? Escribe sobre eso. Usa detalles del texto.

Dulce hogar

Donde abrazo y me abrazan,

donde siento paz,

donde estamos juntos,

ahí está mi hogar.

Yolanda Blanco

¡Escribamos!

Aspectos principales de los verbos en las oraciones

● Dicen lo que hacemos.

● Ayudan a decir la idea de la oración.

CALLE DE LA LECTURA EN LÍNEA
GramatiRitmos
www.CalledelaLectura.com

Los verbos en las oraciones

Una **oración** cuenta una idea completa. Algunas palabras de las oraciones dicen lo que hacemos. Las palabras para decir acciones se llaman **verbos**. Todas las oraciones tienen verbos.

Instrucciones Piensa en algo que haces con tus amigos. Escribe sobre lo que tú y tus amigos hacen. Usa un verbo en tu oración.

Lista del escritor

Recuerda que debes...

☑ escribir sobre algo que haces con tus amigos.

☑ usar un verbo en tu oración.

☑ empezar la oración con letra mayúscula.

84

Nosotros **jugamos** en el patio.

Esta **oración** empieza con una **N** mayúscula y termina con un **punto**.

La **oración** dice lo que hacen el escritor y los demás niños.

El **verbo** **jugamos** dice cuál es la acción.

Normas

saltar

- **Verbos**

  Recuerda Algunas palabras son palabras de acción. Las palabras de acción se llaman **verbos**. Los verbos dicen lo que hacemos. **Correr, hablar** y **jugar** son verbos. ¿Qué verbos puedes decir?

correr

Estudios Sociales en Lectura

Género
Ensayo fotográfico

Leamos juntos

- En un ensayo fotográfico, las fotos y las palabras tratan de un mismo tema.

- Un ensayo fotográfico informa o entretiene al lector.

- Un ensayo fotográfico muestra personas, lugares y sucesos reales. Las fotos pueden mostrar el pasado o el presente.

- Al leer *Los patios*, piensa por qué es un ensayo fotográfico.

Los patios

El patio es un terreno que queda junto a una casa o edificio.

Los patios están delante o detrás de las casas. Son lugares bonitos donde se puede jugar o descansar.

¿Has visto algún patio como éste?

Pensemos...

¿Cómo nos ayudan estas fotos a entender qué es un patio? **Ensayo fotográfico**

Pensemos...

Relacionar lecturas De los patios que ves en el ensayo fotográfico *Los patios*, ¿cuál se parece más al de *El regalo*?

Escribir variedad de textos Escribe las cosas que pondrías en tu jardín. Mira las fotos para ayudarte.

Objetivos
• Comprender y usar palabras nuevas que nombren acciones, llamadas *verbos*. Comprender y usar palabras nuevas que nombren personas, lugares o cosas, llamadas *sustantivos*.
• Dar y seguir instrucciones y volver a decir esas instrucciones con sus palabras. • Comprender y usar los verbos al leer, escribir y hablar.
• Comprender y usar los sustantivos al leer, escribir y hablar.

Leamos juntos

¡Aprendamos!

CALLE DE LA LECTURA EN LÍNEA
ACTIVIDADES DE VOCABULARIO
www.CalledelaLectura.com

Primero, escribo mi nombre en la hoja. Después, escribo una oración. Al final de la oración encierro el punto en un círculo.

Escuchar y hablar

Prepárate para el segundo grado

Di las instrucciones de nuevo antes de seguirlas.

Seguir instrucciones, repetirlas y darlas

Escuchamos con atención cuando nos dan instrucciones. Luego las repetimos, las decimos de nuevo, para asegurarnos de recordar lo que debemos hacer.

¡Practícalo! Pide a un compañero que te dé instrucciones. Repite las instrucciones y síguelas. Di los verbos que dicen lo que tienes que hacer.

Vocabulario

Un **sustantivo** nombra a una persona, un animal, un lugar o una cosa. Un **verbo** nombra una acción. Podemos poner los sustantivos y los verbos en grupos.

pelota

Pelota es un sustantivo.

Subir es un verbo.

subir

¡Practícalo! Lee las palabras. Identifica y agrupa los sustantivos y los verbos.

tener **papel** **puma** **gustar**

Caligrafía

Posición correcta del papel Al escribir, asegúrate de que el papel esté bien colocado. Escribe claramente, de izquierda a derecha, de arriba para abajo. Mira las muestras en las páginas 176–177. Luego escribe una línea entera de estas letras:

Ff **Bb** **Gg** **Ll/ll**

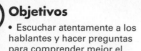

Objetivos
• Escuchar atentamente a los hablantes y hacer preguntas para comprender mejor el tema. • Comentar información e ideas sobre un tema. Hablar a un ritmo normal.

Vocabulario oral

Hablemos sobre

Vecindarios

Leamos juntos

- Comenta la información sobre los vecindarios.

- Comenta tus ideas sobre lo que podemos hacer con nuestros amigos del vecindario.

CALLE DE LA LECTURA EN LÍNEA
VIDEO DE HABLAR DEL CONCEPTO
www.CalledelaLectura.com

90

91

Conciencia fonológica

Escuchemos

Leamos juntos

Sílabas

● Di esta palabra: "ñame". Combina estas sílabas: /ni/, /ña/. ¿Qué sílaba es igual? ¿Qué sonidos forman esa sílaba? Busca otras cosas que tengan /ñ/.

● Busca cosas que empiecen con los siguientes sonidos: /b/, como *vaca*; /j/, como *jirafa*; /y/, como *llama*; /k/, como *karate*; /ch/, como *chiste*.

● Escucha esta palabra: *paquete*. ¿Qué sílaba escuchas en la mitad? Busca algo que tenga esa sílaba.

● Combina estos sonidos: /m/, /o/, /ñ/, /o/. ¿Qué palabra forman?

CALLE DE LA LECTURA EN LÍNEA
TARJETAS DE SONIDOS Y GRAFÍAS
www.CalledelaLectura.com

92

Objetivos

• Decodificar palabras por separado, incluyendo sílabas abiertas. • Decodificar palabras que tengan los mismos sonidos representados por diferentes letras. • Comprender el vocabulario nuevo y utilizarlo correctamente al leer y al escribir.

¡Imagínalo! Sonidos y sílabas

ñandú

ñ-   ñan-

vaca

v-   va-

jabón

j-   ja-

CALLE DE LA LECTURA EN LÍNEA
TARJETAS DE SONIDOS Y GRAFÍAS
www.CalledelaLectura.com

Fonética

Sílabas con ñ, v, j

Sonidos y sílabas que puedo combinar

ñ a m e

v a s o

j u g o

v i m o s

j i r a f a

Palabras que puedo leer

los

amigos

tío

hay

buen

día

Oraciones que puedo leer

1. Mi tío come ñame con los amigos.

2. Hay un vaso de jugo en la mesa.

3. ¡Un buen día, vimos una jirafa!

Objetivos

• Decodificar palabras que incluyan sílabas abiertas. • Decodificar las sílabas *que-, qui-* como en *queso* y *quito*. • Decodificar palabras que tengan los mismos sonidos representados por diferentes letras. • Comprender el vocabulario nuevo y utilizarlo correctamente al leer y al escribir.

¡Imagínalo! | Sonidos y sílabas

llave

ll-   lla-

koala

k-   ko-

queso

qu-   que-

chile

ch-   chi-

Fonética

🎯 Sílabas con *ll, k, q, ch*

Sonidos y sílabas que puedo combinar

ll e v a

k i l o

ll a v e

q u e s o

ch i c o

¡Ya puedo leer!

Mi tío Quique me lleva al parque con mis amigos. Vemos los pequeños osos y las jirafas que hay allí.

Después, comemos queso y tomamos jugo de uva.

¡Qué buen día! ¡Gozamos mucho!

Has aprendido

- Sílabas con *ñ, v, j*
- Sílabas con *ll, k, q, ch*

Palabras de uso frecuente

tío   amigos   los
hay   buen   día

¡Arriba, abajo!

por Ángela Ruiz Daudet

ilustrado por
Luciana Navarro Powell

Género

La **ficción realista** tiene personajes que actúan como gente de la vida real. Ahora vas a leer sobre una fiesta de cumpleaños en el vecindario.

Leamos juntos

¿Qué podemos hacer con los amigos del vecindario?

¡Qué buen día para una piñata!

Tío Toño baja la piñata.

—¡Abajo, abajo! —llama Quique.
—¡Allí, allí! —señala Felipe.

¡Es una piñata llena de regalos!

Ema no ve nada.
Ema se quita el paño de los ojos.

¡Hay un kilo de regalos!

Meme toma un regalo chiquito.

¡Qué bello día para Quique
y sus amigos!

Objetivos
• Describir el problema y la solución de un cuento. Volver a contar el principio, el medio y el final de un cuento, en el orden que sucedieron los eventos. • Leer por su cuenta por un período de tiempo.

¡Imagínalo! Volver a contar

CALLE DE LA LECTURA EN LÍNEA
ORDENACUENTOS
www.CalledelaLectura.com

Piensa críticamente

Leamos juntos

1. De la piñata de Quique caen muchos regalos. ¿En qué día rompemos una piñata? ¿Cómo crees que se siente Ema por tener una piñata en ese día? ¿Cómo se justifican sus sentimientos? El texto y el mundo

2. ¿Podrían los sucesos del cuento ocurrir en la vida real? Explica tu respuesta Realismo y fantasía

3. **Mira de nuevo y escribe** Vuelve a mirar la página 107. ¿Qué pregunta te gustaría hacer sobre la fiesta de Quique y sus amigos? Escríbela.

PRÁCTICA PARA EL EXAMEN | Respuesta desarrollada

Luciana Navarro Powell

De niña, Luciana Navarro Powell dibujaba, pintaba y leía montones de libros para niños. Y colorín colorado, este cuento no ha acabado, porque Luciana vive feliz leyéndole montones de libros a su hijito Alex y, para ganarse la vida, ¡ilustra cuentos!

Busca más cuentos ilustrados por Luciana Navarro Powell.

109

Objetivos

• Usar las mayúsculas al comienzo de las oraciones. • Reconocer y usar los signos de puntuación al final de las oraciones que indican un hecho, terminan con un signo de admiración o hacen una pregunta. • Hablar usando oraciones completas, expresando concordancia entre el artículo y el sustantivo.

¡Escribamos!

Aspectos principales de las oraciones simples

- Cuentan una idea completa.
- Empiezan con letra mayúscula.
- Muchas terminan con punto.

CALLE DE LA LECTURA EN LÍNEA
GramatiRitmos
www.CalledelaLectura.com

Escritura narrativa

Oraciones simples

Una **oración** cuenta una idea completa. Una oración empieza con letra mayúscula. Muchas oraciones terminan con punto.

Instrucciones Piensa en algo que hacen los gatos. Escribe una oración que diga lo que hace un gato.

Lista del escritor

Recuerda que debes...

☑ escribir sobre algo que hacen los gatos.

☑ empezar tu oración con letra mayúscula.

☑ terminar tu oración con punto. Decir tu oración.

El gato se lame la pata.

La **oración** empieza con **E** mayúscula.

Esta **oración** dice lo que hace un gato.

La oración termina con **punto**.

Normas

- ## Oraciones simples

  Recuerda Una **oración** es un grupo de palabras que cuenta una idea completa. La oración empieza con letra mayúscula. Muchas oraciones terminan con **punto.**

  Di esta oración.
  Los niños ríen.

  Esto no es una oración.
  los niños tienen

Género
Texto de procedimiento

- Algunas selecciones usan palabras junto con señales y símbolos.

- Una señal nos dice qué hacer.

- Un símbolo representa otra cosa.

- Lee *Por el vecindario*. Al leer, recuerda lo que aprendiste acerca de las señales y los símbolos.

Por el vecindario

Hay muchas señales y símbolos en tu vecindario.

112

Las señales y los símbolos nos ayudan al manejar.

Las señales y los símbolos nos ayudan al andar en bicicleta.

Las señales y los símbolos nos ayudan a evitar el peligro.

Pensemos...

¿Qué señales y símbolos ves en estas páginas?
Texto de procedimiento

Pensemos...

¿Qué te dicen las señales y los símbolos?
Texto de procedimiento

Pensemos...

Relacionar lecturas ¿Qué tipos de señales puede ver Quique en su vecindario?

Escribir variedad de textos Dibuja algunas señales y símbolos que Quique puede ver en su vecindario. Ponles el nombre.

Objetivos
- Identificar y poner palabras en grupos según su significado.
- Comprender y usar los adjetivos al leer, escribir y hablar. • Dar y seguir instrucciones y volver a decir esas instrucciones con sus palabras.

Primero, abre el libro en la página 24. Después, lee la página. Por último, cierra tu libro y ponlo en el escritorio.

Leamos juntos

¡Aprendamos!

CALLE DE LA LECTURA EN LÍNEA
ACTIVIDADES DE VOCABULARIO
www.CalledelaLectura.com

Escuchar y hablar

Prepárate para el segundo grado

Habla claramente al dar instrucciones.

Dar instrucciones Al dar instrucciones, nos debemos asegurar de hablar claramente y de dar instrucciones fáciles de seguir.

¡Practícalo! Dale instrucciones sencillas a un compañero. Pídele a tu compañero que siga tus instrucciones. Usa oraciones completas. Expresa concordancia entre los artículos y los sustantivos. Por ejemplo, si el artículo está en singular, el sustantivo debe estar en singular.

Vocabulario

Las palabras que dicen algo sobre las cosas son descriptivas y se llaman **adjetivos**. Podemos identificar y agrupar adjetivos que dicen cómo se ve una cosa, cómo sabe, huele, se siente o se escucha.

uvas dulces

La palabra *dulce* describe el sabor de las uvas.

¡Practícalo! Lee las palabras. Escribe y di las palabras que describen cómo se siente algo.

duro　　　**alto**　　　**suave**　　　**picante**

Caligrafía

Tamaño correcto de las letras Las letras deben caber dentro de las líneas. Mira las muestras en las páginas 176–177. Escribe una línea completa de estas letras:

Dd　　　**Ll/ll**　　　**Hh**　　　**Oo**

Usa las muestras para escribir estas palabras.

dedo　　　**lloro**　　　**hola**

Objetivos

• Escuchar atentamente a los hablantes y hacer preguntas para comprender mejor el tema. • Comentar información e ideas sobre un tema. Hablar a un ritmo normal.

Vocabulario oral

Hablemos sobre

Vecindarios

Leamos juntos

● Comenta la información sobre lo que hay a nuestro alrededor en la escuela.

● Comenta tus ideas sobre lo que hacemos todos los días en la escuela.

CALLE DE LA LECTURA EN LÍNEA
VIDEO DE HABLAR DEL CONCEPTO
www.CalledelaLectura.com

116

Objetivos
• Identificar sílabas en palabras habladas. • Distinguir pares de palabras que riman y pares que no riman.

Conciencia fonológica

Escuchemos

Sílabas

Leamos juntos

● Di: "yema". Cuenta un dedo por cada sílaba que escuches. ¿Cuál es la primera sílaba? ¿Cuál es el primer sonido de esa sílaba? Busca otras cosas que empiecen con /y/.

● Busca cosas que tengan los siguientes sonidos: /s/, como *zumo*; /rr/, como *carretera*; /j/, como *gimnasio*.

● Busca tres cosas que empiecen con *h*, como *horno*.

● ¿Ves el águila? Di: "águila". Da una palmada por cada sílaba que escuches. ¿Qué sílaba escuchas en el medio?

● ¿Qué par de palabras riman: *águila/guitarra*; *mano/piano*?

CALLE DE LA LECTURA EN LÍNEA
TARJETAS DE SONIDOS Y GRAFÍAS
www.CalledelaLectura.com

119

¡Imagínalo! | Sonidos y sílabas

yoyo

y-   yo-

zorro

z-   zo-

hoja

h-   ho-

CALLE DE LA LECTURA EN LÍNEA
TARJETAS DE SONIDOS Y GRAFÍAS
www.CalledelaLectura.com

Fonética

Sílabas con y, z, h

Sonidos y sílabas que puedo combinar

y u d o

z a n j a s

y

h o y o s

h i j o

Palabras que puedo leer

esta

escuela

ir

las

por

al

del

Oraciones que puedo leer

Lee las siguientes oraciones.

1. ¡Voy a ir a esta escuela de yudo!

2. No camines por las zanjas
y los hoyos.

3. Vimos al hijo del señor Ramos y le
dimos una pelota.

¡Imagínalo! | Sonidos y sílabas

guitarra

gu-   gui-

girasol

g-   gi-

perro

-rr-   -rro

Fonética

Sílabas *gue, gui, ge, gi; rr*

Sonidos y sílabas que puedo combinar

c a rr o

G e n a r o

g u e p a r d o

g i g a n t e

g u i ñ a

¡Ya puedo leer!

Por las mañanas,
yo monto al carro
del señor Genaro
para ir a la escuela.

—¿Podemos ir rápido como un guepardo
o un gigante? —le digo.

—En esta calle hay zanjas. Pero mañana
vamos por un atajo —me guiña el ojo
don Genaro.

Has aprendido

- Sílabas con *y, z, h*
- Sílabas *gue, gui, ge, gi, rr*

Palabras de uso frecuente
por   las   al   del
ir   escuela   esta

En la escuela

por Marina Paz

ilustrado por
Luciana Navarro Powell

Pregunta de la semana

¿Qué hay a nuestro
alrededor en la escuela?

Género La **ficción realista** tiene personajes que actúan como gente de la vida real. Ahora vas a leer sobre lo que hacen Ema y otros niños en la escuela.

Ema recoge la mochila.
Ema va a ir a la escuela.

La mamá ayuda a su hija.
Ema sigue por el camino.

Ema saluda a sus amiguitos.
—Hola, Quique. Hola, Yasuko.

Yasuko señala al payaso.
Quique se ríe del burro.

Guille pega las hojas.
Yasuko pone otra raya.

Ema corre.
Guille le pasa la pelota.

¡Qué cabezazo, Ema!

—Mamá, mira esta nota.
—¡Qué buen día, Ema!

Piensa críticamente

1. Ema hace muchas cosas en su escuela. ¿Qué cosas haces tú en tu escuela? **El texto y tú**

2. ¿Qué pasa al principio del cuento? ¿Cuál es la trama del cuento? ¿Qué pasa al final? **Elementos literarios: Trama**

3. Mira de nuevo y escribe Vuelve a mirar las páginas 129 y 131. ¿Qué hizo Ema hoy en la escuela? Escribe sobre eso. Vuelve a contar los sucesos importantes del cuento.

PRÁCTICA PARA EL EXAMEN | Respuesta desarrollada

El autobús escolar

La mano de abuela
al autobús me lleva.
Con mis libros queridos,
voy feliz a la escuela.

Yolanda Blanco

Escritura expresiva

Oraciones con adjetivos

Las **oraciones** expresan una idea completa. Las palabras que dicen cómo son las personas, los lugares, los animales o las cosas se llaman **adjetivos**. Una oración puede tener uno o más adjetivos.

Instrucciones Escribe una oración acerca de algo que te guste. Usa un adjetivo para describirlo.

Leamos juntos

¡Escribamos!

Aspectos principales de oraciones con adjetivos

● Cuentan una idea completa.

● Describen personas, lugares, animales o cosas.

CALLE DE LA LECTURA EN LÍNEA
GramatiRitmos
www.CalledelaLectura.com

Lista del escritor

Recuerda que debes...

☑ usar un adjetivo para describir algo que te gusta.

☑ escribir la primera letra con mayúscula y terminar la oración con punto.

Me gusta mi mochila **roja**.

La **oración** cuenta una idea completa.

El **adjetivo** **roja** dice cómo es la mochila.

La **oración** termina con punto.

Normas

- **Adjetivos**

  Algunas palabras dicen cómo son
- las personas, los animales,
  los lugares o las cosas.
  Éstas palabras se llaman
- **adjetivos**. **Verde**,
  grande, **alto** y
  pequeño son adjetivos.
- ¿Qué otros adjetivos
  sabes?

contento

roja

137

Objetivos

• Utilizar destrezas de comprensión para analizar cómo las palabras, las imágenes, los gráficos y los sonidos interaccionan de diferentes maneras para afectar el significado.

Estudios Sociales en Lectura

Género
Ensayo fotográfico

Leamos juntos

• Las palabras y las fotografías de un ensayo fotográfico tratan de un mismo tema. Las palabras cuentan algo y las fotografías lo muestran.

• Las fotografías de un ensayo fotográfico son bonitas y memorables. El fotógrafo quiere que te sientas como si estuvieras allí.

• Las fotografías ayudan a los lectores a conocer personas, lugares y sucesos reales, de diferentes partes del mundo.

• Lee *¿Cómo vas a la escuela?* Piensa en lo que has aprendido sobre los ensayos fotográficos.

¿Cómo vas a la escuela?

Los niños van a la escuela todos los días. Hay muchas maneras de ir a la escuela.

Jelani camina a la escuela.
Aicha va en carreta.
¿Cómo vas tú a la escuela?

Pensemos...

¿Cómo crees que la persona que tomó estas fotografías quiere que te sientas? **Ensayo fotográfico**

Pensemos...

Relacionar lecturas ¿Cómo va Ema a la escuela en *En la escuela*? ¿Cómo van a la escuela los niños del ensayo fotográfico?

Escribir variedad de textos Dibuja las maneras en que Ema y los demás niños van a la escuela. Ponles nombres a los dibujos.

Leamos juntos

¡Aprendamos!

CALLE DE LA LECTURA EN LÍNEA
ACTIVIDADES DE VOCABULARIO
www.CalledelaLectura.com

Voy en autobús a la escuela. A veces mi papá me lleva.

Cuando tu papá te lleva, ¿vas en carro?

Escuchar y hablar

Prepárate para el segundo grado

Haz preguntas si no entiendes.

Preguntar Si no entendemos lo que nos dice alguien, le pedimos que lo explique.

¡Practícalo! Pídele a un compañero que te diga algo. Hazle preguntas si hay algo que no entiendes. Usa oraciones completas. Expresa concordancia entre los artículos y los sustantivos. Por ejemplo, si el artículo está en femenino, el sustantivo debe estar en femenino.

Vocabulario

Un **adjetivo** dice cómo son las personas, los animales, los lugares o las cosas.

pequeño

La palabra *pequeño* dice cómo es el pájaro.

El pájaro pequeño vuela.

¡Practícalo! Lee las palabras. Escríbelas y di un adjetivo para cada una.

gato   **libro**   **amigo**   **lápiz**

Caligrafía

Posición correcta del cuerpo. Mantén los dos pies en el piso cuando escribas. Mira las muestras en las páginas 176–177. Luego escribe una línea completa de estas letras:

Yy   Zz   Hh   Gg

Usa las muestras para escribir estas palabras. Deja espacio entre las palabras.

yo   zapato   horno   gato

Objetivos

- Escuchar atentamente a los hablantes y hacer preguntas para comprender mejor el tema. • Comentar información e ideas sobre un tema. Hablar a un ritmo normal.

Hablemos sobre

Vecindarios

Leamos juntos

- Comenta la información sobre lo que vemos en nuestro vecindario.

- Comenta tus ideas sobre los lugares adonde podemos ir y las cosas que podemos hacer en nuestro vecindario.

CALLE DE LA LECTURA EN LÍNEA
VIDEO DE HABLAR DEL CONCEPTO
www.CalledelaLectura.com

142

143

Objetivos

- Combinar sonidos para decir sílabas y palabras.
- Identificar sílabas en palabras habladas.

Conciencia fonológica

Escuchemos

Sílabas

Leamos juntos

- Di: "cepillo". ¿Qué sílaba escuchas al comienzo? Busca cosas que empiecen con /se/, como *cepillo*, o /si/, como *cigarra*.

- Combina estos sonidos: /x/, /i/. ¿Qué sílaba forman? Busca cosas que tengan el sonido /ks/.

- Combina estos sonidos: /a/, /r/, /o/. Di la palabra. Busca cosas que tengan el sonido /r/ entre vocales, como *aro*.

- Di: "pingüino", "paragüero". Busca una cosa que tenga la sílaba /güi/, como *pingüino*, o la sílaba /güe/, como *paragüero*.

- Di: "Wanda". Busca algo que empiece con /u/, como *Wanda*.

CALLE DE LA LECTURA EN LÍNEA
TARJETAS DE SONIDOS Y GRAFÍAS
www.CalledelaLectura.com

144

¡Imagínalo! | Sonidos y sílabas

Washington

w-   w

taxi

-x-   -xi

pera

-r-   -ra

Fonética

🎯 Sílabas con *w, x;*
r suave entre vocales

Sonidos y sílabas
que puedo combinar

a   r   o   m   a

W   a   n   d   a

t   a   x   i

s   a   x   o   f   ó   n

p   a   r   e

Palabras que puedo leer

todos

mar

dijo

que

señora

cuando

Oraciones que puedo leer

1. A todos nos gusta el mar.

2. Wanda dijo que el saxofón era suyo.

3. Ayuda a la señora cuando se pare.

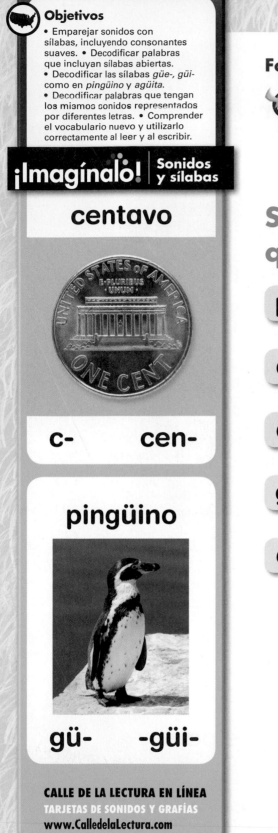
Fonética

🔊 Sílabas *ce, ci; güe, güi*

Sonidos y sílabas que puedo combinar

p i n g ü i n o

c i g ü e ñ a

c e r e z a

g ü i r o

c i n e

¡Ya puedo leer!

Alexis dijo que cuando llegue el verano,
iremos al mar. Por eso vamos adonde la
señora Wendy a buscar juguetes para
el agua.

Todos son bonitos, pero ya me decidí.
¡Me gustan más el pingüino verde
y la cigüeña color cereza!

Has aprendido

- Sílabas con *w, x, y;*
  r suave entre vocales
- Sílabas *ce, ci; güe, güi*

Palabras de uso frecuente

todos mar dijo

que señora cuando

149

De compras

por Carolina Cifuentes

ilustrado por
Luciana Navarro Powell

¿Qué hay en nuestro vecindario?

Género

La **ficción realista** tiene personajes que actúan como gente de la vida real. Ahora vas a leer sobre un niño que hace las compras con su papá en el vecindario.

Papá para un taxi.

Papá saca su paraguas.
Yo saco mi paragüitas.

Papá toma unas cebollas.

—Llevo las cerezas para mamá.
Llevo los kiwis para todos.

—Mira, Meme, aquí hay mero.
El mero es un pescado de mar.

Papá le paga a la señora.

Cuando llegamos, papá hace
la cena. Yo le ayudo.

—¡Mmm, maravilloso!
—dijo mamá.

¡Imagínalo! | Volver a contar

Piensa críticamente

1. Meme y su papá preparan un pescado para la cena. ¿Qué te gusta cenar a ti?

El texto y tú

2. ¿Podrían los sucesos del cuento ocurrir en la vida real? Explica tu respuesta. Realismo y fantasía.

3. Mira de nuevo y escribe Vuelve a mirar las páginas 154 a 156. ¿Qué compran Meme y su papá? Escribe sobre eso. Usa detalles del texto.

PRÁCTICA PARA EL EXAMEN | Respuesta desarrollada

Al mercado

Riquirrín, riquirrán,
vamos todos al mercado
a comprar rico pescado.

Riquirrín, riquirrán,
ya volvemos a la casa
y comemos calabaza.

Yolanda Blanco

Objetivos

• Comprender y usar los verbos al leer, escribir y hablar. • Comprender y usar los sustantivos al leer, escribir y hablar. • Comprender y usar los adjetivos al leer, escribir y hablar.

Escritura expositiva

Leamos juntos

¡Escribamos!

Aspectos principales de las oraciones con sustantivos, verbos y adjetivos

- Usan los sustantivos para nombrar personas, lugares, animales, o cosas.

- Usan los verbos para expresar acciones.

- Usan los adjetivos para describir personas, lugares, animales o cosas.

CALLE DE LA LECTURA EN LÍNEA
GramatiRitmos
www.CalledelaLectura.com

Oraciones con sustantivos, verbos y adjetivos

Una oración dice una idea completa. Toda oración tiene un sustantivo y un verbo. Una oración puede tener uno o más adjetivos.

Instrucciones Piensa en el lugar donde tú y tu familia hacen compras. Escribe sobre ese lugar. Usa un sustantivo, un verbo y un adjetivo.

Lista del escritor

Recuerda que debes...

☑ usar un sustantivo.

☑ usar un verbo para decir cuál es la acción.

☑ usar un adjetivo para decir cómo es algo.

162

En el **mercado venden** manzanas **grandes**.

El **sustantivo mercado** nombra el lugar.

El **verbo venden** dice cuál es la acción.

El **adjetivo grandes** describe las manzanas.

Normas

● **Oraciones**

Las **oraciones** dicen una idea completa.

● Comienzan con letra mayúscula y muchas terminan con punto.

Las oraciones tienen sustantivo

● y verbo. También pueden tener adjetivos.

● ¿Qué oraciones puedes decir?

El muchacho vende verduras ricas.

●

Estudios Sociales en Lectura

Nuestra comida

Leamos juntos

Género
Texto expositivo

- El texto expositivo trata de personas, animales, lugares o sucesos reales.

- El texto expositivo tiene una idea principal. La idea principal es la idea más importante de la selección. Los hechos o detalles hablan más sobre la idea principal.

- El texto expositivo casi siempre tiene fotografías que ayudan a explicar las palabras.

- Mientras lees *Nuestra comida*, piensa en lo que sabes sobre el texto expositivo.

Parte de nuestra comida se cultiva en granjas.

164

Los granjeros recogen
el maíz cuando está maduro.
Los camiones lo llevan
a las tiendas.

El maíz lo venden en
las tiendas. Mi hortaliza
preferida es el maíz.

Pensemos...

¿Cuál es la idea
principal de esta
selección?
Texto expositivo

Pensemos...

**Relacionar
lecturas** *De
compras* y *Nuestra
comida* tratan
de comida. ¿Cómo
llega la comida
a las tiendas?
¿Quién la lleva allí?

**Escribir variedad
de textos** Los
niños de las dos
selecciones ayudan
a su papá en
la tienda. ¿Por qué
es importante eso?
Escribe tus ideas.

Objetivos

• Comprender y usar palabras nuevas que nombren personas, lugares o cosas, llamadas *sustantivos.* • Identificar y poner palabras en grupos según su significado. • Usar la parte de la oración que muestra un cambio en el tiempo y el orden al leer, escribir y hablar. • Escuchar atentamente a los hablantes y hacer preguntas para comprender mejor el tema.

Leamos juntos

¡Aprendamos!

CALLE DE LA LECTURA EN LÍNEA
ACTIVIDADES DE VOCABULARIO
www.CalledelaLectura.com

> Primero, mi papá y yo fuimos a un mercado. Después, compramos naranjas. Por último, las llevamos a la casa y nos las comimos.

Escuchar y hablar

Prepárate para el segundo grado

> Usa las palabras *primero, después* y *por último* cuando cuentes una historia.

Relatar una experiencia en secuencia Al

contar algo que nos pasó, usamos palabras como *primero, después, luego* y *por último* para que la persona que nos escucha pueda entendernos.

¡Practícalo! Piensa en algo que te pasó. Cuéntalo a los demás. Usa oraciones completas. Expresa concordancia entre los artículos y los sustantivos. Por ejemplo, si el artículo está en plural, el sustantivo debe estar en plural.

Vocabulario

Un **sustantivo** es una palabra que nombra una persona, un animal, un lugar o una cosa. Podemos agrupar los sustantivos según sean para personas, animales, lugares o cosas.

¡Practícalo! Lee las palabras. Ve de qué clase son y agrúpalas en personas, animales, cosas y lugares.

perro   **caja**   **niño**   **casa**

Caligrafía

Autoevaluación Durante y después de escribir, asegúrate de que las letras estén bien escritas y bien formadas. Mira las muestras en las páginas 176–177. Luego escribe una línea entera de estas letras:

Ww   Xx   Cc   Ü ü

Usa las muestras para escribir estas palabras, asegurándote de dejar espacio entre las palabras.

Walter va a México.   El pingüino come.

Mi familia

hermana
hija

mami
mamá
madre
mamita

papi
papá
padre
papito

¡Este soy yo!

éstos son
mis familiares

hermano
hijo

168

tío

primo

tía

bebé

abuelito
abuelo

abuelita
abuela

169

Mi hogar

librero

libros

juguetes

cama

puerta

ventana

alfombra

microondas

estufa

fregadero

refrigerador

encimera

escritorio

silla

sofá

tapete

171

El mercado

carne

compradora

carrito

comestibles

172

leche

queso

plátanos

uvas

manzana

estantes

lechuga

tomate

zanahorias

pasillo

8

Ema

el
gusta
mira
veo
yo

El regalo

con
después
en
es
otra

En la sala

familia
más
para
tengo
un

¡Arriba, abajo!

amigos
buen
día
hay
los
tío

De compras

cuando
dijo
mar
que
señora
todos

En la escuela

al
del
escuela
esta
ir
las
por

Aa Bb Cc

Chch Dd

Ee Ff Gg

Hh Ii Jj

Kk Ll Llll

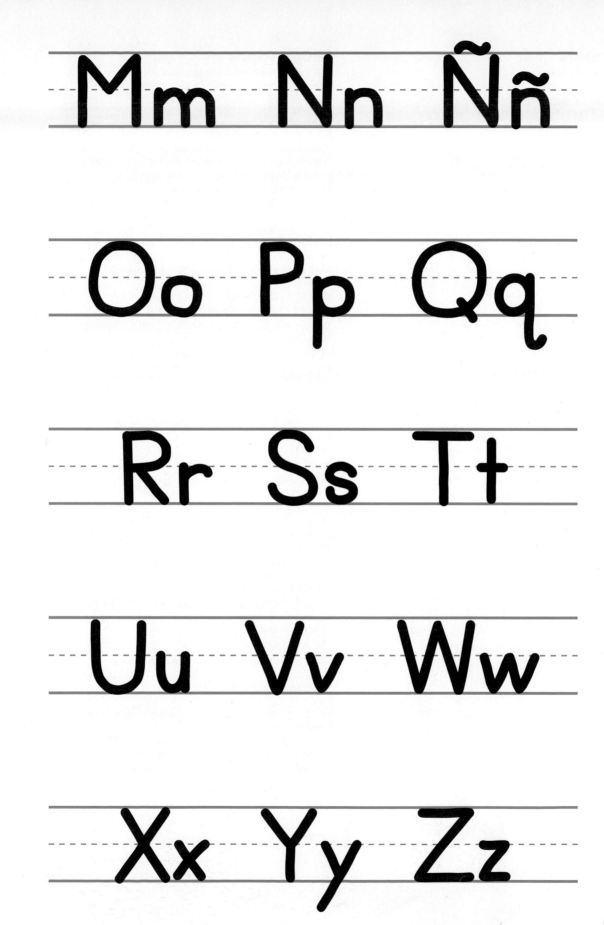

Mm Nn Ññ

Oo Pp Qq

Rr Ss Tt

Uu Vv Ww

Xx Yy Zz

Illustrators

Cover, 3 Daniel Moreton
I.2-I.5 Mary Anne Lloyd
I.12-I.17 Chris Lensch
10, 18-29, 43, 46-55, 70-79, 96-109, 114, 124-133, 150-159 Luciana Navarro Powell
14 Ron Lieser
31 Amy Cartwright
34, 35 Nan Brooks
40 Amanda Haley
57 Jackie Stafford
66 Karol Kaminski
83 Susan Mitchell
92 Janet McDonnell
118 Paul Meisel
125 Dean MacAdam
144 Orlando Ramirez
161 Pamela Barcita

Photographs

Every effort has been made to secure permission and provide appropriate credit for photographic material. The publisher deeply regrets any omission and pledges to correct errors called to its attention in subsequent editions.

Unless otherwise acknowledged, all photographs are the property of Pearson Education, Inc.

Photo locators denoted as follows: Top (T), Center (C), Bottom (B), Left (L), Right (R), Background (Bkgd)

4 Corbis/Jupiter Images
12 (BL) ©Masterfile Royalty-Free
13 ©Abode/Beateworks/Corbis, (BR) ©Philip Bailey/Corbis
37 (C) Eastcott Momatiuk/Getty Images, (R) Frank Lukasseck/Getty Images, (L) Jeremy Woodhouse/Getty Images
38 (TR) ©Patrik Giardino/Corbis, (B) Masterfile Corporation
39 (CL) ©Jose Luis Pelaez, Inc./Corbis
60 ©Mark Leibowitz/Corbis
61 (B) ©Hill Street Studios/Stock This Way/Corbis, (T) ©Paul Barton/Corbis
63 Ellen McKnight/Alamy Images
64 (TR) ©Ariel Skelley/Corbis, (BL) ©Jon Feingersh/Masterfile Corporation
65 (B) ©Masterfile Royalty-Free
86 (L) Jupiter Images
87 (T) ©Bambu Productions/Getty Images, (B) ©Peter Ravallo/Alamy Images
90 (C) Jupiter Images
91 (BR) Blend Images/Getty Images, (CL) Jupiter Images
113 (B) ©Kim Karpeles/Alamy Images, (T) ©Steve Atkins Photography/Alamy Images
116 ©Masterfile Royalty-Free
117 (T) ©Masterfile Royalty-Free, (B) Blend Images/Jupiter Images
138 ©Anders Ryman/Corbis
139 (T) ©Frans Lemmens/Getty Images, (CL) ©Rafiqur Rahman/Reuters/Corbis
140 SW Productions/Getty Images
142 (TR) ©David Grossman/Alamy Images, (C) ©Richard Levine/Alamy Images
143 (Bkgd) ©Heide Benser/zefa/Corbis
164 (L) ©FogStock/Index Open
165 (C) ©John Colwell/Grant Heilman Photography
170 (BL) ©Abode/Beateworks/Corbis, (BR) ©Arcaid/Alamy Images, (T) ©Elizabeth Whiting & Associates/Alamy Images
171 (B) ©Elliott Kaufman/Beateworks/Corbis, (T) Getty Images
172 (L) ©David Young-Wolff/Alamy Images, (TR) ©Stock Connection Distribution/Alamy Images
173 (BR) ©D. Hurst/Alamy, (L) Getty Images.